답답할 때, 괴로울 때, 무슨 일을 해도 잘 풀리지 않을 때……

내 인생에 위로가 되어준 한마디

지혜와 자애가 넘쳐흐르는 말이

나그네를 이끌어주는 길잡이별처럼

다정하고 은은하게

당신이 나아갈 길을 비춰줄 겁니다.

내 인생에 위로가 되어준 한마디

내 인생에 위로가 되어준 한마디

초판 1쇄 발행 | 2016년 5월 16일

지은이 | 시라토리 하루히코
옮긴이 | 한성례

발행처 | 이너북
발행인 | 김청환

책임편집 | 이선이

등록번호 | 제 313-2004-000100호
등록일자 | 2004. 4. 26.

주소 | 서울시 마포구 독막로 27길 17(신수동)
전화 | 02-323-9477, **팩스** 02-323-2074
E-mail | innerbook@naver.com
블로그 | http://blog.naver.com/innerbook
페이스북 | https://www.facebook.com/innerbook

ISBN 979-11-957841-0-3 03100

시라토리 하루히코 지음
한성례 옮김

이너북

CONTENTS

사진/가타히라 다카시片平 孝/아프로

연 표

B.C.5세기 말 : 《논어》가 편찬되다.
B.C.400년 : 석가 입멸 후 100년, 교단이 상좌부[1]와 대중부[2]로 분열.
B.C.387년 : 플라톤이 아카데메이아[3]를 개교하다.
B.C.268년 : 아쇼카왕[4]이 즉위하여 불교에 귀의하다.

서기 90년경 : 《구약성경》이 현재와 거의 비슷한 권수로 확정되다.
서기 100년경 : 중국에 불교 전래.
서기 300~350년 : 《반야심경》이 만들어지다.
서기 372년 : 한반도 고구려에 불교 전래.
서기 397년 : 카르타고[5]에서 열린 제3회 교회회의에서 《신약성경》이 정식 성서로서 인정받다.
서기 538년 : 백제에서 일본에 불교 전래.

600 500 400 300 200 100 B.C. 0 A.D. 100 200 300 400 500 600

성서의 말

예수그리스도 (Jesus Christ, B.C.4?~A.D.30) : 하나님의 아들. 서른 살 때부터 3년간 사역활동. 열두 제자를 발탁해 가르치고 병자와 귀신들린 자들을 치료해 주었다. 죽은 자를 살리고 오병이어의 기적 등을 행했으며 인간의 죄를 대신하여 십자가에 못 박혀 죽은 뒤 사흘 만에 부활하여 하나님의 아들임을 증명하였다.

철학자의 말

플라톤(Platon, B.C.427~347) : 소크라테스의 제자. 고대 그리스에서 이데아론을 전개.
세네카(Seneca, ? B.C.4~A.D.65) : 로마 제국의 정치가. 금욕주의를 주장한 스토아학파.
아우렐리우스(Aurelius, 121~180) : 제16대 로마 황제. 군軍에 관한 일보다 학문을 좋아한 '철인군주'.
아우구스티누스(Augustinus, 354~430) : 고대 그리스도교의 최대 교부敎父. '원죄'의 개념을 확립.

논어의 말

공자(孔子, B.C.551~479) : 중국 춘추시대의 사상가. 인仁과 예禮를 기반으로 한 이상사회의 실현을 목표로 했다.

달마의 말

달마(達磨, ?345~?495) : 남인도의 왕자로 태어나 중국으로 건너와 선종을 창시했다고 전해지나 그 이력과 생애에 수수께끼가 많다.

석가의 말

고타마 싯다르타(Gautama Siddhārtha, ? B.C.463/383~) : 불교의 교조. 사제[6]와 팔정도[7] 등을 설파하여 누구나 진리를 깨달으면 윤회의 굴레에서 벗어나 영원한 자유와 행복한 삶을 누릴 수 있음을 가르쳤다.

사진/가타히라 다카시片平 孝/아프로

1191년 : 일본의 승려 에이사이[8]가 중국 남송南宋에서 일본으로 임제종[9]을 들여오다.
1227년 : 일본의 승려 도겐道元이 남송에서 일본으로 조동종[10]을 들여오다.

700 800 900 1000 1100 1200 1300 1400 1500 1600 1700 1800 1900 2000

파스칼(Pascal, 1623~1662) : "인간은 생각하는 갈대다"라는 말로 유명한 프랑스 사상가.
스피노자(Spinoza, 1632~1677) : 네덜란드의 위인으로서 데카르트[11]에 필적하는 합리주의 철학자.
칸트(Kant, 1724~1804) : 독일 관념철학의 선조. 《순수이성비판》 등 세 권의 비판서를 발표.
헤겔(Hegel, 1770~1831) : 고전에 정통하여 현실적이면서 이상적인 학설로 독일 관념론 철학을 완성.
쇼펜하우어(Schopenhauer, 1788~1860) : 독일 철학자. 서양 철학에 불교 정신과 인도 철학을 주입.
카를 힐티(Carl Hilty, 1833~1909) : 스위스 사상가이자 법학자. 그리스도교 신앙을 기반으로 하는 이상주의적 사회 개량주의를 주창했으며 종교 윤리적 저서를 다수 남김.
니체(Nietzsche, 1844~1900) : 독자적 관점에서 영원회귀설 등 신개념을 창조한 독일 철학자.
알랭(Alain, 1868~1951) : 철학 교사로서 프랑스 각지의 고등학교에서 교편을 잡았다.
베르댜예프(Berdyaev, 1874~1948) : 격동의 러시아를 살며 마르크스주의자에서 반공산주의자로 전향.
야스퍼스(Jaspers, 1883~1969) : 의학자이자 철학자. 정치평론가의 세 얼굴을 가진 대표적인 독일 실존주의자.
비트겐슈타인(Wittgenstein, 1889~1951) : 철학의 언어론적 전개에 기여한 오스트리아 출신 철학자.
마르셀(Marcel, 1889~1973) : 뛰어난 프랑스인 극작가로서 그리스도교적 실존주의의 대표주자.
에리히 프롬(Erich Fromm, 1900~1980) : 마르크스주의와 프로이트의 정신분석을 사회성격론에 결부시켰다.
빅터 프랭클(Viktor Emil Frankl, 1905~1997) : 의미치료[12]라는 심리치료요법을 만든 오스트리아 의학자.
사르트르(Sartre, 1905~1980) : 프랑스 작가. 《변증법적 이성비판》(미완)에서 역사적 유물론을 재구축.
메를로퐁티(Merleau-Ponty, 1908~1961) : 프랑스 철학자. 현상학을 주축으로 철학과 심리학을 연구.
오스틴(Austin, 1911~1960) : 영국 법철학자. 언어행위에 관한 선구적인 연구로서 유명.

도겐(道元, 1200~1253) : 가마쿠라시대[13]초기의 고승. 일본에 처음으로 조동종을 열었으며 저서로 《정법안장正法眼藏》이 있다.

일러스트/마쓰오카 메부키松岡芽ぶき

1장

超譯

지친 마음에 안식을 주는 철학자의 말

아테네에 있는 '철학의 아버지' 소크라테스 조각상
"인간은 어떻게 살아야 하는가?"
고대 그리스 시대에 그가 처음으로 제기한
이 질문에서 철학의 역사가 시작되었다.
그는 직접 저술을 남기지는 않았지만 플라톤을 비롯한 제자들이
그의 사상을 세상에 소개하였다.

모든 선善 중에서 가장 큰 선

죽음을 두려워하는 이유는 그것이 무엇인지 모르면서 이미 안다고 굳게 믿기 때문이다.
인간에게 주어진 모든 선 중에서 가장 큰 선이 죽음일지도 모르거늘.

— 플라톤 《소크라테스의 변명》

시간이 모자란다고 여기는 이는……

시간은 모자라지 않다.
두 눈을 멀뚱히 뜨고 시간을 낭비하니 그런 생각이 들 뿐이다.

— 세네카 《인생이 왜 짧은가》

복수는 자기 반성이 아니다

가장 좋은 복수는 상대와 똑같은 짓을 하지 않는 것이다.

바다로 튀어나온 곶처럼

바다로 튀어나온 곶처럼 존재해보고 싶지 않은가.

파도가 아무리 부서져라 부딪쳐온들 곶은 꿈쩍도 하지 않는다.

그뿐인가. 곶은 바다의 노여움을 달래주기도 한다.

그런 곶 같은 존재가 되어보고 싶지 않은가.

— 아우렐리우스 《자성록》

정신이 시간을 잰다

시간은 잴 수 있다.

시간을 재는 주체가 우리의 정신이기 때문이다.

— 아우구스티누스 《고백록》

모든 것은 아주 소소한 일

소소하기 그지없는 일이 사람을 위로한다.

바로 소소하기 그지없는 일이 당사자를 번민하게 만드는 까닭이다.

— 파스칼 《명상록》

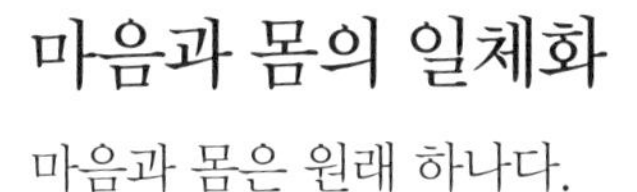

마음과 몸의 일체화

마음과 몸은 원래 하나다.

— 스피노자 《에티카》

자기 자신이 진정한 도덕의 주체

도덕의 주체는 다름 아닌 자기 자신이다.

— 칸트 《도덕 철학》

중요한 것은 결과나 결론뿐만이 아니다

결과나 결론만이 중요하지는 않다.

그 결과나 결론에 이르기까지 겪어온 여러 과정을 포함한

모든 것이 현실 전체를 이루므로.

— 헤겔 《정신현상학》

음악이야말로 보편적 언어

음악은 온 세상에서 통하는 보편적인 언어이다.

— 쇼펜하우어 《인생론》 중 〈고뇌에 대하여〉

불안정한 세계

불안정한 상태.

그것이 바로 세상이 이곳에 존재할 때에 보이는 가장 안정된 형태다.

— 쇼펜하우어 《인생론》 중 〈자살에 대하여〉

작은 일에 마음 아파하는 이유는 그 사람이 행복해서이다

작은 일에 슬퍼하는 사람은 비웃거나 무시하는 편이 낫다.
그는 행복한 사람이니까.
무릇 불행한 사람은 작은 일을 걱정하거나 마음 아파하지
않는 법이다.
인생이 대체로 잘 풀리는 행복한 사람만이
자잘한 일에 민감해지고 슬퍼하므로.

— 쇼펜하우어 《처세술 잠언》

일하지 않는 자는 휴식이 주는 행복을 모른다

성심껏, 꾸준히 일에 몰두하는 사람만이
행복과 휴식이 무엇인지를 안다.
일하지도 않고 쉬는 자는 휴식이 주는 진정한 행복을 모른다.
그것은 식욕이 없을 때 하는 식사와 마찬가지니까.

— 카를 힐티 《행복론》

사랑에서 우러나온 행위는 특별하다

사랑으로 행한 일은 언제나 선악의 판단 저편에 있다.

— 니체 《선악의 저편》

함께하는 두 사람은 멋지다

두 사람이 여기 있고 그저 가만히 함께하는 일은 멋지다.
함께 웃는다면 더욱 근사하다.

— 니체 《인간적인 너무나 인간적인》

생기롭게 날아다니는 나비를 보라

나비를 보라.

앞으로 하루 남은 목숨을 덧없다 여기지 않고

그 여리고 아름답고 조그만 날개를 팔랑거리며

차디찬 밤에도 아랑곳없이 생기롭게 날아다닌다.

— 니체 《서광》

고통은 인생 연습

살다보면 괴로운 일을 겪기 마련이다. 비극도 일어난다.

힘들더라도 운이 없어서라고 생각하지 말고

도리어 고통을 주는 인생을 존경하라.

대체 어떤 군대의 대장이

불면 날아갈 듯 약한 적병 하나를 상대하려고

일부러 강한 병사만 배치해서 일개 군단을 보내려 할까.

그러니 고난은 인생이 주는 선물이라고 여겨라.

괴로움을 겪을수록 스스로의 정신과 마음이,

살고자 하는 힘이 갈수록 단련될지니

이를 느끼면서 흐뭇하게 미소 짓기를.

적당히 사는 일은 스스로를 천천히 죽이는 행위이다

무슨 일을 하건 온 힘과 마음을 다해야 한다.
수긍이 가는 좋은 결과를 내기 위해서가 아니라
자기 자신을 홀대하지 않기 위해서.
일하다 말고 때때로 게으름을 피우거나 적당히 해치우고
방치하는 행위는 결과적으로 자기 행동을 업신여기는 일이다.
그래서는 자기가 하는 일에 가치도 의미도 갖지 못하니
이것이야말로 스스로를 천천히 죽어가게 놔두는 일이다.

— 니체 《우상의 황혼》

과거에 대한 지나친 사랑은 비극

과거의 좋은 추억을 이따금 그리워하는 정도라면 아직 괜찮다. 다만 이를 넘어서서는 안 된다. 과거에 대한 지나친 사랑은 금물. 과거를 너무 사랑한 나머지 그것을 향한 강한 집착에 마음이 얽매이면 다가올 인생에서 차례로 생겨날 여러 가지 새로운 가치와 의미를 전혀 알지 못하게 되어버릴 테니까.

— 니체 《생성의 무구》

행복한 사람의 조건

어려운 일 하나에 매달려 제 전부를 쏟아 붓는
사람은 행복하다.

— 알랭 《행복론》

인간에 대한 생각은 곧 신에 대한 생각

인간이란 존재에 대하여 곰곰이 생각하거나 논하는 일은
곧 신에 대해 곰곰이 생각하고 논하는 일이기도 하다.

— 베르댜예프 《고독과 사랑과 사회》

날마다 그날의 의미를 물어봐야 무의미하다

의미 있는 날과 헛된 날은 따로 있지 않다.
하루, 또 하루. 그 모든 매일이 값지다.

— 야스퍼스 《철학 입문》

악이란 인간의 자유의지

악惡은 어딘가에 달리 존재하지 않는다.

추악하면 악인가, 올바르지 못한 길을 가면 악인가.

아니다.

거짓도 공허도 재해도 악은 아니다.

악은 고유하지 않다.

악은 오로지 거기에 자유가 있을 때만 악으로서 존재한다.

인간의 자유의지.

이 자유의지만이 악을 악으로서 존재하게 만든다.

— 야스퍼스 《철학》

말에 의미를 부여하는 주체는 사람

어떤 말의 의미는

사람이 그 말을 어떻게 쓰느냐에 따라 결정된다.

— 비트겐슈타인 《청색 책》

신비를 표현할 수 있는 말은 없다

형언하지 못할 현상, 다시 말해 신비에 대하여 표현할 수 있는 말을 사람은 갖고 있지 않다.

— 비트겐슈타인 《논리-철학 논고》

하늘이 준 선물은 사용법이 핵심

머릿속에 떠오르는 생각은 하늘이 보내준 선물이다.
핵심은 그 발상을 스스로 어떻게 활용해 현실에 무엇을
하느냐이다.

똥통 속에서 기어올라라, 걸어라

혹 똥통 속에 빠졌다면 해야 할 일은 단 하나.
무조건 바깥을 향해 기어오르고 발걸음을 내딛는 일뿐이다.
지쳐서 쓰러져 죽을지언정
똥통에 빠진 채 울부짖다 죽는 것보다는 훨씬 낫다.

— 비트겐슈타인 《종교 철학 일기》

사랑은 본디 '주는 것'이 아니다

자기 것을 누군가에게 주면 그만큼 제 몫이 줄어 가난해지게 마련이지만 사랑은 경우가 다르다.

사랑은 자신을 내어주는 일이지만 결코 주는 만큼 가난해지지 않고 오히려 주면 줄수록 풍부해진다.

사랑하는 상황에서 발생하는 일은 물질세계에서 통용되는 일과는 다르다. 그럼에도 우리는 사랑에 대해 말할 때 한결같이 물질세계에서나 통하는 표현을 쓴다.

사랑을 '준다'라고. 그 탓에 사랑하는 만큼 자신이 가진 무언가를 잃어버린다고 오해하는 사람도 있다.

진정한 '나'는 침묵 속에서 부활한다

명상을 하면 내 의식을 가득 채운 내면의 아우성을
잠재울 수 있다.
침묵이 찾아오면 나는 비로소 자아를 되찾는다.
오롯한 침묵 속에서 회복하는 것이다.
편안하게 이완되었을 때 진정한 나로 돌아온다.

— 마르셀 《존재와 소유》

자유냐 복종이냐 그것이 문제로다

인간의 마음속에는 자유를 갈망하는 마음과
누군가 혹은 무언가에 복종하고 싶은 본능적 욕구가
동시에 존재한다.

— 에리히 프롬 《자유로부터의 도피》

신념을 가진 사람만이 사랑할 수 있다

사랑하기 위해서는 신념이 필요하고

신념을 가지려면 용기가 필요하다.

용기는 구태여 위험을 무릅쓰는 힘,

고난과 아픔을 겪거나 크나큰 실망에 빠져도 이겨내겠다는

각오이다.

이러한 용기를 가진 사람만이 사랑할 수 있다.

인생에서 안전과 경제적 안정을 최우선으로 여기는 사람은

신념을 갖지 못하기에

진정한 의미에서 누군가를 사랑하기 힘들다.

— 에리히 프롬 《사랑의 기술》

고뇌하기 때문에 사람은 성숙해진다

성과가 없다고 해서 반드시 무의미하지는 않다.
실패한 연애일지라도 그 경험이 헛되거나 마음만 다치는 것이 아니라는 뜻이다.
사람은 고뇌하면서 많은 것을 얻기 때문이다.
고뇌하니까 성숙해지고, 고뇌하기에 성장하는 것이다.
상실, 고생, 고뇌는 사람에게 풍부한 경험을 준다.

— 빅터 프랭클 《죽음의 수용소에서》

당신의 행동은 전 인류의 대표

개인적인 행동은 지극히 사사로운 결단일지라도

그것은 인간으로서 전 인류를 대표하는 행동과 결단이므로

그런 의미에서 자신의 모든 행동과 결단을 책임져야 한다.

— 장 폴 사르트르 《실존주의란 무엇인가?》

사랑의 본질은 무엇인가?

사랑의 본질은 전면적이라는 것이다.

— 메를로 퐁티 《소설과 형이상학》

말이 사람에게 전하는 바

사람은 멍하니 말을 듣기만 하거나
말의 뜻만 이해하지는 않는다.
그 말이 의미하는 현실의 모습도 함께 본다.

— 오스틴 《말과 행위》

사진/The Bridgeman Art Library / Multibits

2장

超譯 쉽게 풀어 쓴 반야심경

반야심경은 많은 번역본 중에서도 중국 당나라 때의 승려인 현장법사[14]가
실크로드를 통해 인도에서 가져와 번역한 '현장본' 이 주로 전해 내려왔다.
지금도 보편적으로 현장이 번역한 반야심경을 독송하고 있다.
현장법사는 사진 속 타클라마칸 사막[15]과 톈산 산맥[16] 사이로 뻗은
톈산 남로를 통해 장안으로 돌아왔을 것으로 추측한다.

사진/야와타 히데후미矢幡英文

중생아, 무엇을 보느냐.

네 눈에는

대체 무엇이 비치느냐.

눈동자가 본 광경에 놀라 몸이 떨리고 겁나고

마음이 동요하느냐.

과연 그럴 만한 광경을 보고 있다고 말할 테냐.

중생아, 과거의 너는 지금만큼 겁쟁이가 아니었다.

어머니의 포근한 품에 안겨 있었을 때

그 너머로 보이던 세상은

아름답게 빛났고

너는 일말의 두려움도 없이

세상을 향해 미소 지었지.

그 아름다운 날들은

언제 멀어졌을까.

입술에 닿는 모든 음식이 맛있던 날들은

어디로 사라져버렸을까.

한들한들 춤추며 향기를 흩날리던 꽃들

공중을 떠돌던 감미로운 숨결

청명한 바람결은 언제 퇴색했을까.

고사리손에

아직 아무것도 쥐지 않았던 그때

네 잠은 죽음과 다르지 않았다.

죽음에 빠졌던 너는 아침이면 새로이 태어났고

인생의 하루가 천천히 흘러

밤이 찾아오면

너는 또 죽은 듯이 잠들었다.

다시 아침이 와서 네가 눈을 뜨면

너의 모든 감각은 그날의 새로운 경험으로 환희에 물들었다.

지금은 어떠한가.

너는 무수한 고민을 품고 있다.

아무것도 똑바로 보지 못하고 떨면서 눈길을 돌린다.

수많은 공포와 불안, 후회.

네 인생은 고통으로 가득하다.

더는 눈을 감지 마라.

외면하지 말고 똑똑히 보아라.

거기에 무엇이 있는지 정확히 보아라.

무엇이 보이느냐.

분명하게 보일 때까지 눈을 떼지 마라.

그곳에 인간이 보이느냐.

아니면 사물이 있느냐.

네 눈에 비친 대상은 무엇이냐.

보이는 것이

사람이든 물건이든

더욱 눈을 밝히고 찬찬히 보아라.

그것이 하찮게 느껴질 때까지

다른 사소한 것과

구분할 수 없을 때까지

그것이 인간인지 물건인지
분간이 가지 않을 때까지 바라보라.

자, 어떠냐.
무슨 일이 일어났느냐?
아무 일도 일어나지 않는다.
마음이 움직였는가?
아니다.
마음은 오히려 고요해지고
지금은 마음마저 사라지고 없다.
다시 물으마. 무엇이 보이느냐?

사람이든 물건이든
거기에 있는 것은
크지도 작지도 않다.
강하지도 약하지도
더럽지도 깨끗하지도 않다.

그저
거기 존재할 뿐.
마침 거기에 있었다는 듯이
네 눈에 비쳤을 뿐이다.

그럼에도
너는 왜 여태껏 그것을 두려워했는가.
이해관계 때문인가? 망상에 빠져서인가?
미움, 애착, 미련, 헛된 상상,
아니면 돈의 유무에 따른 문제인가?
그 모든 경우를 응시하라.
너 자신의 마음을
마치 땅속에 파묻혀 있던 과거의 유물을 조사하듯
유심히 보아라.
피하지 말고 직시하라.

그리하면 곧 조용히 깨닫게 되리라.

사실은 아무것도 없었다는 것을.

너는 보이는 것에 네 마음을 멋대로 연결시켜

섣불리 동요했고

이해득실과 승패에 집착하여

조바심과 감정에 얽매였으며

보잘것없는 자존심을 잣대 삼아

보이는 모든 것을 독단하였고

모든 것이 네 소유라고 굳게 믿으며

탐욕에 물들어 있었다.

요컨대

너는 비겁했다.

그런 모습은 전부 버려라.

감정도 버려라.

그렇게 해서

스스로를 남김없이 떨쳐버려라.

그리하면

너는 이제껏 알지 못했던

자유의 하늘로 날아오를 수가 있고

이루고자하는 모든 일을 이룰 것이다.

너에게서 불가능이 사라질 것이다.

단

네가 악행을 저지른다면 그 순간

과거의 혼탁했던 너 자신으로 돌아가고 만다.

무엇보다 먼저 악하지 않은 것

인간이 필요로 하는 바를 스스로 이루어라.

인간을 위해, 선善을 위해 자신을 전부 내어주어라.

그것이야말로 위대한 대자유의 하늘을 나는 일이니

그 순간

세상은 크게 변화한다.

온 세상이 완벽한 정적에 빠져든다.

온 세상에 고요한 환희가 차오른다.

너는 비로소 참된 너의 본래 모습을 찾으리라.

摩訶般若波羅蜜多心經
마 하 반 야 바 라 밀 다 심 경

觀自在菩薩 行深般若波羅蜜多時 照見五蘊皆空 度一切苦厄
관자재보살 행심반야바라밀다시 조견오온개공 도일체고액

舍利子 色不異空 空不異色 色卽是空 空卽是色 受想行識 亦復如是
사리자 색불이공 공불이색 색즉시공 공즉시색 수상행식 역부여시

舍利子 是諸法空相 不生不滅 不垢不淨 不增不減
사리자 시제법공상 불생불멸 불구부정 부증불감

是故 空中無色 無受想行識 無眼耳鼻舌身意 無色聲香味觸法
시고 공중무색 무수상행식 무안이비설신의 무색성향미촉법

無眼界 乃至 無意識界 無無明 亦無無明盡 乃至 無老死 亦無老死盡
무안계 내지 무의식계 무무명 역무무명진 내지 무노사 역무노사진

無苦集滅道 無智 亦無得 以無所得故 菩提薩陀 依般若波羅蜜多
무고집멸도 무지 역무득 이무소득고 보리살타 의반야바라밀다

故心無罣碍 無罣碍故 無有恐怖 遠離顚倒夢想
고심무가애 무가애고 무유공포 원리전도몽상

究竟涅槃 三世諸佛依般若波羅蜜多
구경열반 삼세제불의반야바라밀다

故得阿耨多羅三藐三菩提 故知般若波羅蜜多 是大神呪
고득아뇩다라삼먁삼보리 고지반야바라밀다 시대신주

是大明呪 是無上呪 是無等等呪 能除一切苦 眞實不虛
시대명주 시무상주 시무등등주 능제일체고 진실불허

故說般若波羅蜜多呪 卽說呪曰
고설반야바라밀다주 즉설주왈

揭諦揭諦 波羅揭諦 波羅僧揭諦 菩提 娑婆訶
아제아제 바라아제 바라승아제 모지 사바하

〈한글 반야심경〉

마하반야바라밀다심경
관자재보살이 깊은 반야바라밀다를 행할 때,
오온이 공한 것을 비추어 보고 온갖 고통에서 건너느니라.
사리자여! 색이 공과 다르지 않고 공이 색과 다르지 않으며,
색이 곧 공이요 공이 곧 색이니, 수 상 행 식도 그러하니라.
사리자여! 모든 법은 공하여 나지도 멸하지도 않으며,
더럽지도 깨끗하지도 않으며, 늘지도 줄지도 않느니라.
그러므로 공 가운데는 색이 없고 수 상 행 식도 없으며,
안 이 비 설 신 의도 없고, 색 성 향 미 촉 법도 없으며,
눈의 경계도 의식의 경계까지도 없고, 무명도 무명이
다함까지도 없으며, 늙고 죽음도 늙고 죽음이 다함까지도 없고,
고 집 멸 도도 없으며, 지혜도 얻음도 없느니라.
얻을 것이 없는 까닭에 보살은 반야바라밀다를 의지하므로
마음에 걸림이 없고 걸림이 없으므로 두려움이 없어서,
뒤바뀐 헛된 생각을 멀리 떠나 완전한 열반에 들어가며,
삼세의 모든 부처님도 반야바라밀다를 의지하므로
최상의 깨달음을 얻느니라.
반야바라밀다는 가장 신비하고 밝은 주문이며 위없는 주문이며
무엇과도 견줄 수 없는 주문이니,
온갖 괴로움을 없애고 진실하여 허망하지 않음을 알지니라.
이제 반야바라밀다주를 말하리라.
아제아제 바라아제 바라승아제 모지 사바하 (세 번 반복)

반야심경般若心經이란?

오늘날 종파를 초월하여 폭넓게 읽히는 불교경전을 들라면 단연《반야심경》이 첫 손에 꼽힐 것이다.
글자 수가 260자 안팎이라 경전치고는 매우 짧지만 오히려 그런 까닭에 법회에서 계송하거나 사경대회에서 교본으로 삼는 경우가 많다. 반야심경의 '반야般若'란 '지혜'를 뜻하는데 심원한 지혜를 기록하였다 해서 '지혜의 경전'으로도 불린다.
반야심경이 견당사遣唐使[17]를 통해 일본에 전해진 시기는 약 1300년 전이다. 원전은《서유기西遊記[18]》의 등장인물인 삼장법사三藏法師, 즉 현장이 천축(인도)에서 당나라로 가져온 방대한 양의 대승불교 경전 가운데 하나이다.
본문은 '관자재보살', 곧 관음보살이 석가의 제자인 사리자에게 설법하는 형식으로 이루어져 있다. 그 중에서도 가장 유명한 구절인 '색즉시공 공즉시색色卽是空 空卽是色'은 '세상의 형태를 이루는 것[色]은 본질적으로 실체가 없고[空], 실체가 없으면서도 인연의 화합에 따라 형태를 이뤄 우리의 눈 앞에 존재한다'라고 해석할 수 있다. 이처럼 반야심경의 중심 사상은 공空이다. 공은 '아무것도 없는 상태'이며 '물질적인 존재는 서로의 관계 속에서 변화하는 것이므로 현상으로는 있어도 실체·주체·자성自性으로는 파악할 길이 없다.'라는 의미이기도 하다. 이는《헤이케 모노가타리平家物語[19]》에 나오는 불교용어 '제행무상諸行無常'과도 관련이 있는데 '이 세상 모든 것은 변하며 만물은 영원히 한결같을 수 없다'라는 불교적인 무상관을 상징한 법문이다.

사진/아프로

3장

超譯

지친 마음에 안식을 주는 달마의 말

사진/다나카 시게키田中重樹/아프로

중국 허난 성河南省 정저우 시鄭州市 덩펑登封에 있는 쑹산嵩山 산의 사찰 소림사.
인도에서 중국으로 건너온 달마대사가 창시한 선종[20]의 발상지로 알려져 있다.
훗날 선종의 이조二祖가 된 혜가慧可[21]가 9년 동안 면벽수행 중이던 달마대사에게
자신을 제자로 받아 주십사 청하면서 그 가르침이 널리 퍼졌다고 한다.

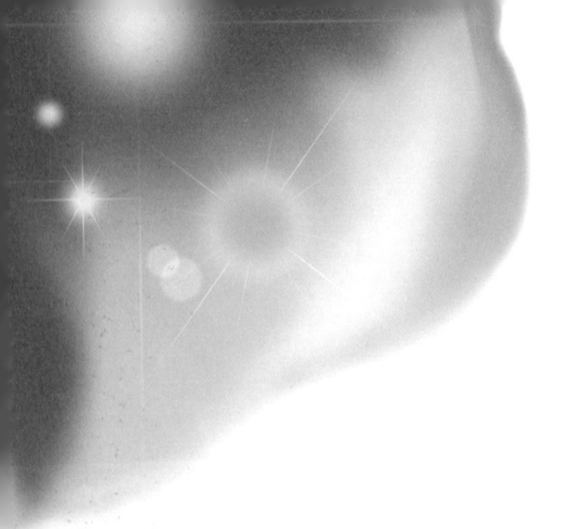

진리는 그저 체감될 뿐

언어는 진리를 표현하지 못한다.
진리가 언어를 초월하기 때문이다.
사람은 언어를 통해 살아간다.
그렇기에 모든 것이 언어로 이루어지고
무엇이든 말로 설명이 가능하다고 여기지만
진리는 오직 체험을 통해서만 느낄 수 있다.
그것은 말과 글을 뛰어넘는다.
비록 그러할지라도 어떻게든 언어를 긁어모아
진리의 파편이나마 표현해내야 한다.
그러지 않으면 사람은 영영 진리의 존재조차 모르는 채
살아갈 것이므로.

선악이나 신분의 상하, 미추美醜로 사람을 나누지 마라

도대체 무엇이 맞고 무엇이 틀린가.
무엇이 바르고 무엇이 그른가.
무엇이 선악이고, 위아래이고, 좌우인가.
겉과 속은 무엇이고, 미추란 무엇이며,
무엇을 두고 많다 적다 혹은 젊거나 늙었다고 하는가.
사람들은 세상 모든 사물에 확실한 구분을 요구하며
이것과 저것으로 나누어 끊임없이 선을 긋는다.
물건에 대해서도, 욕심에 대해서도, 도구에 대해서도,
사람에 대해서도.
세상은 분명하게 나누어 생각하고, 나누어 취급하기를 좋아한다.
또한 사리를 분별할 줄 아는 사람을 좋은 사람이라고
생각하며 사리분별을 잘하며 세상을 살아가는 자를
어른으로 여긴다.

하지만 그렇게 나누어서 어쩌자는 말인가.
분별로 인하여 세상에 고통이 끊이지 않는다.
사람의 사리분별이 만물에 온갖 가치를 부여하고
유용하다 쓸데없다 결정하여 차별해 마지않기 때문이다.
분별하여 서로를 가르니 적과 아군이 생기고
이 세상은 싸움터로 전락한다.
싸우고 빼앗는 세상이 된다.
그러나 '도道'에는 분별이 없다.
옳고 그름을 가르지도, 많다 적다 수량을 나누지도 않는다.
아무것도 나누지 않는다.
분별을 버리지 않으면 '도'로 향하는 문을 통과하지 못하니
속세를 떠나라. 분별로 가득한 속세를 벗어나라.
모두 벗어나 깨달음의 길을 가라.

— 보리달마菩提達磨, 《무심론無心論》

물질과 욕망은 본래 존재하지 않는다.
그것은 사람의 마음이 그쪽으로 향할 때
비로소 나타난다

깨닫기 전에는 사람이 진리를 구하지만

깨달음에 이르면 진리가 그 사람을 찾아온다.

그러면 스스로 물질과 욕망을 지배할 수 있다.

허나 깨달음에 이르지 못하면 물질과 욕망이 자신을 지배한다.

물질과 욕망이란 무엇인가.

물질과 욕망은 저 혼자 존재하는 법이 없다.

반드시 사람의 마음이 그쪽으로 향했을 때만 존재한다.

마음이 그쪽을 향해 있지 않으면 그것들은 결코 존재하지 않는다.

하지만 마음이 원한다면

물질과 욕망은 그 즉시 크고 확실하게 제 존재를 드러내어

사람의 마음을 움켜쥐고 놓아주지 않는다.

그렇다면 물질이나 욕망을 향하지 않을 때, 마음은 어떤 상태일까.

공중에 붕 떠 있을까.

아니다. 그때는 마음도 존재하지 않는다.

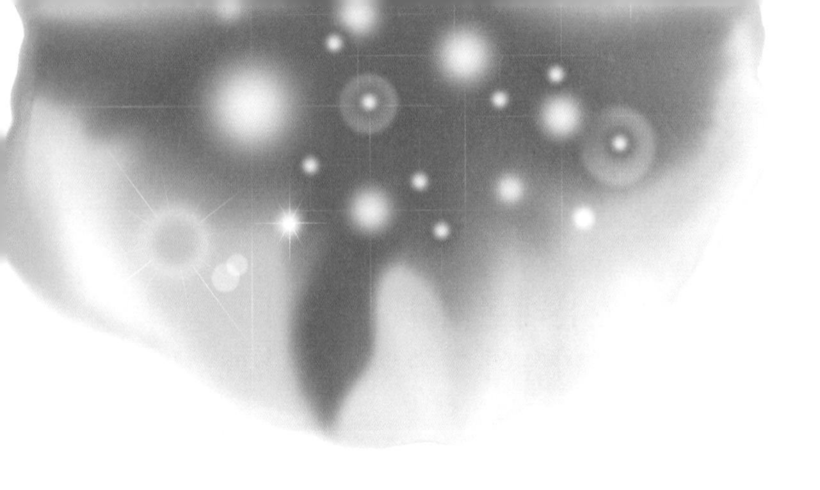

마음이라는 막연한 것이 앞서 존재할 리 없는 까닭이다.
그것이 물질이나 욕망 쪽으로 기울었을 때, 마음은 비로소
나타난다.

물질과 욕망을 향해 기우는 그 작용이 바로 마음이기도 하다.
따라서 마음이 있다는 것 자체가 이미 어떤 물질이나 욕망에
사로잡혀 있다는 증거인 셈이다.
마음이 사로잡힌 사람은 어떠한가. 자유로운가? 활발한가?
아니다. 자유롭기는커녕 매여서 꼼짝달싹도 못한다.
물질과 욕망에 매인 무거운 몸으로 엉금엉금 땅을 기어 다닌다.
그렇다면 아무것도 없는 장소에 몸을 둔다면 어떨까,
안전할까? 전혀 그렇지 않다.
그것은 물질과 욕망을 겁내고 있다는 근거이자
마음이 그것들을 두려워하는 방향으로 기울었다는 것을 의미한다.

이 모든 두려움과 근심, 피난, 기피가 명백하게 보여주는 바는 무엇인가?
네 마음이 그야말로 꼼짝달싹도 못하게 물질과 욕망에 얽매여 있다는 사실이다.
그 고통에서 해방되고 싶은가?
그러하다면 이것들의 도리를 알고 깨우쳐라.
깨우쳐서 무無를 체감하면
물질과 욕망으로 쏠리는 마음을 없앨 수 있다.
마음마저 말끔히 지워내어 진정한 자유의 경지에 도달할 수 있다.
그것이 바로 '무'다.

— 보리달마, 《이입사행론二入四行論》

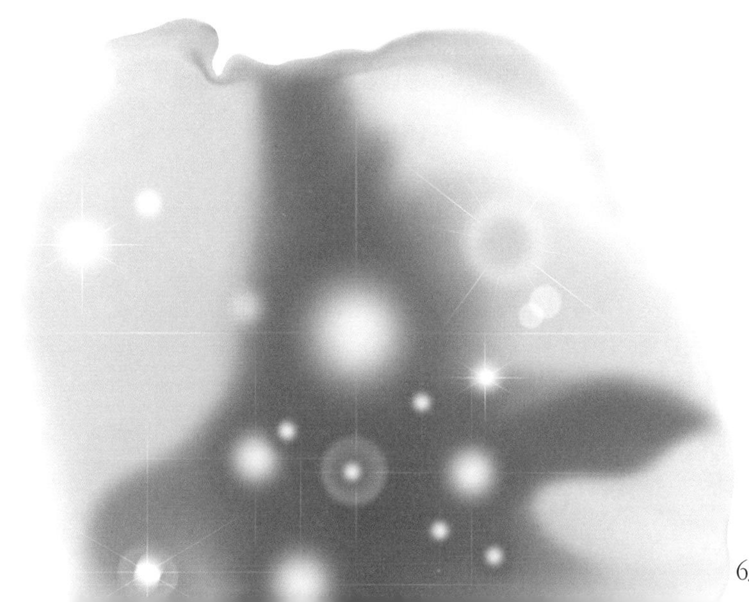

개는 풍요로운 깨달음 속에 있다

한 스님이 조주趙州 선사[22]에게 물었다.

"개에도 불성이 있습니까?"

그러자 선사가 답했다.

"무無."

《대답으로 나온 '무'는 '유무有無'의 무가 아니다. 모든 것이 융합되어 있어서 무어라 딱 집어 명명할 방법이 없는 상태를 나타내기 위한 무이다. 이 무는 풍요롭다. 어떤 존재보다도 더없이 풍요롭다. 바로 이 '풍요로운 무' 속에 개가 있다. 하지만 깨달음이 무엇인지를 궁리하는 인간들은 그곳에 없다.

'무'란 깨달음을 형용하려다 언어의 벽에 부딪쳐 나온 표현 혹은 깨달음의 체감을 이르는 말이다. 그것은 '나 자신의 무'인 동시에 '모든 것이 내가 되어버린 유有'를 의미한다. 예를 들자면 스스로 전자電子가 되어 확산하면서도 온 세계에 충만한 느낌을 주는 그것인데 이는 '무'라고밖에 형용할 수 없는 초언어적 암시의 표현이다.》

무엇과도 하나가 되는 것이 부처의 길

"스님, 질문이 있습니다. 부처님은 어떤 존재입니까?"

"부처? 부처는 여기 있는 세 근짜리 삼이다."

"고작해야 세 근밖에 안 나가는 이 작은 삼이 부처님이라는 말씀이십니까?"

"오냐."

"삼이 부처님이라는 생각은 들지 않습니다. 혹시 삼에 깨달음이 있다는 뜻인가요?"

"지금 내가 무엇을 하고 있느냐?"

"손으로 삼을 캐고 계십니다."

"오호, 그리 보았구나. 그럼 이 삼과 나는 어떤고? 서로 다른 존재로 보이느냐?"

"예. 스님은 그런 자그마한 삼처럼 보이지는 않습니다."

"아무렴. 물론 나는 삼이 아니지. 하지만 나는 지금 삼이다."

"무슨 말씀이십니까?"

"산을 보면 산이 되고, 삼을 캐면 삼이 된다. 하나가 되지 않고서는 아무것도 할 수 없기 때문이지. 이것이 물아일체物我一體다. 부처란 그게 무엇이든 그것과 하나가 되는 존재이니 지금은 이 세 근짜리 삼이 곧 부처인 게다. 알아들었느냐?"

— 무문혜개無門慧開, 《무문관無門關》

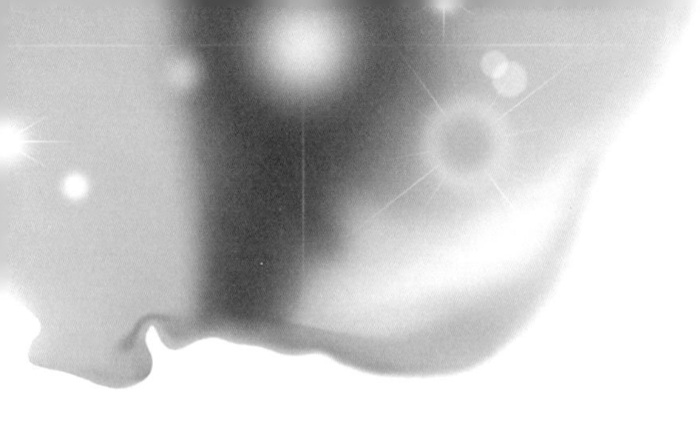

전부 버리고 내딛어라, 온몸으로 뛰어들어라

발을 내딛어라.

지금 그 자리에서

지금 그 지위에서

손에 든 것을 모두 내려놓고 내딛어라.

아무것도 없는 곳으로 걸음을 떼어라. 차라리 뛰어라.

물론 두렵겠지. 그래도 가라. 가야 한다.

멈추지 마라. 끊임없이 나아가라.

온몸으로 뛰어들어라.

그때, 세상에 이 몸이 가득 찬다.

— 무문혜개, 《무문관》

깨달음에 이르는 길은 바로 눈앞에 넓게 펼쳐져 있다

깨달음에 이르는 길은 끝없이 넓다.
그 길은 모든 사람의 눈앞에 그저 넓게 펼쳐져 있어서
누구나 건너갈 수 있다.
건너는 일은 어렵지도 쉽지도 않다.
다만 이렇게 하면 헤매지 않을까, 이러이러한 생각은 번뇌가
아닐까, 깨달음에 이르기 위해서는 지금부터 청렴하게 지내야
할 텐데 하며 지레 염려하면 그 넓은 길은 홀연히 흐려진다.
잡념을 버리고 그저 나아가라.

보이지 않아도 꽃은 피어 있다

두꺼운 구름이 산봉우리를 뒤덮었다.

산등성이도 보이지 않을 만큼 산은 온통 구름으로 뒤덮였다.

비록 그러할지라도 산에는 여전히 화초가 피어 있다.

제각기 다른 빛깔을 뽐내는 화초들이다.

산에 눈이 내린다. 눈이 산을 뒤덮는다.

그곳에는 하얀 갈대꽃이 피어 있는데 꽃을 눈으로 착각할 정도로 희다.

깨달음도 이와 같다.

모두 똑같아 보일지도 모르지만 사실은 다 제각각이다.

보이지 않아도 꽃은 피어 있다.

말에서 사람이 드러난다

선종에서는 말을 입에 담을 때
그 말을 통해 상대의 깊이와 기량이 어느 경지에
이르렀는지를 읽고
상대의 언동에 맞춰 인사를 한다.
그것을 통해 그가 어떤 사람인지 알고
또한 자신이 어떤 사람인지를 보여준다.
숨길 도리 없이 드러난다.
있는 그대로 훤히 드러난다.

—원오극근 圜悟克勤, 《벽암록碧巖錄》

하늘과 땅의 참모습을 파악하고 거기에 녹아들어라

하늘은 잠자코 사계절을 되풀이하고
땅은 묵묵히 만물을 생성한다.
거기에 있는 것을 똑바로 보아라.
사계절을 되풀이하는 힘의 근원을
하늘의 움직임 저 너머에 있는 본체를
키우고, 시들게 하고, 다시 길러내는 대지의 근원을 보아라.
파악하라, 하늘과 땅이 지닌 본래의 모습을
그리고 거기에 네 몸이 녹아들게 하라.

선악을 손익으로 판단하고 있지는 않은가

사람은 이것은 좋고 저것은 나쁘다고 말한다.
이쪽이 선이고 저쪽이 악이라고 간주하는데
그러한 좋고 나쁨, 선과 악은 도대체 어디서 오는가.
자신에게 이로우면 좋게 보고, 손해면 악이라고 여기지 않는가.
혹은 자신의 취향에 따라 판단하거나
양자를 비교하여 이러니저러니 재고 있지는 않은가.
그렇다면 선악이나 좋고 나쁨은 더 이상 아무런 의미가 없다.
무엇이 좋고 나쁜지, 무엇이 선이고 무엇이 악인지 정해져
있지도 않다.
그러니 이제 벗어나라.
그런 애매한 판단을 완전히 끊어버리고
쓸데없는 판단을 깨끗이 벗어던진 몸으로

새롭게 말해 보아라.
네 눈앞에 무엇이 있느냐.
네 등 뒤에 무엇이 있느냐.
자, 말해 보아라.

— 원오극근, 《벽암록》

견딜 수 없는 일과 중요한 일을 구분하라

스승이 제자에게 물었다.

"이 세상에서 무엇이 가장 견디기 어려우냐?"

"그야 당연히 지옥이지요."

"아니다. 대관절 무엇이 지옥이고 무엇이 극락이더냐. 그런 생각은 방황하는 자가 하는 크나큰 망상이다. 세상에서 가장 견딜 수 없는 일은 승복을 입고도 가장 소중한 바를 깨닫지 못하는 것이다. 승복을 입고 있으니 특별하다고 생각하느냐? 예법은 이렇고 행사는 저렇게, 인사는 이런 식으로 공손하게……. 그런 의식들이 중요하다고 보느냐? 무엇을 일일이 신경 쓰고 있는 게냐. 진정으로 마음먹고 정녕 정진해야 할 일은 스스로 깨닫는 것뿐이다. 그것 외에 달리 무엇이 있겠느냐."

— 조산본적曹山本寂, 《동산록洞山錄》

방황하는 마음이 집착으로 변해 자신을 속박한다

이 세상은 이미 온통 더러우니
깨달음의 세계야말로 티끌 하나 없이 깨끗하리라 믿어서는
안 된다.
더러워 보이는 세상에 있더라도
이 세상에 존재하는 하나하나가 깨달음 그 자체라는 점을
알아차려야 한다.
그것을 알고 부처가 된다면
마음은 탁해지지도 막히지도 흔들리지도 않고
빼앗기거나 고이지도 않으며
빠르게 지나가는 모든 빛을 투과시킨다.
이것을 의식하지 못하면 마음은 영원히 헤맨다.
방황하는 마음은 세상에 증오를 품고 먼 곳을 동경하며
눈에 보이는 것에 집착한다.
이 집착은 굴레가 되고 자신을 강하게 속박하는 오랏줄이
되어 홀로 번민하는 결과를 낳는다.

— 삼조승찬 三祖僧璨, 《신심명信心銘》

자신이 여기에 존재한다는 인식이야말로 환상

삼라만상에는 중심도 주변도 없다.

자기 자신조차도 없다.

한데 사람은 자기가 여기에 있다고, 이곳에 실제로 살고

있다고 생각한다.

이는 환상을 보고 현실이라고 우기는 것과 같다.

수백만, 수천만 마리의 물고기 떼 속에서 헤엄치고 있는

작은 물고기 한 마리가

자기는 다른 물고기와 전혀 다르다고 믿는 것이나 똑같다.

자타에 구별은 없다.

너와 나도 그렇고

미혹과 깨달음, 깨달은 자와 깨닫지 못한 자도 그러하며

출생과 죽음 또한 마찬가지다.

과거도 미래도 없다. 그러므로 시간에도 전후가 없다.

존재하는 것은 오직 지금, 지금뿐인데

지금은 모두 같으니 무無라고 부를 수밖에 없다.

— 도겐道元, 《정법안장正法眼藏》

'나'를 버리는 것이 깨달음에 이르는 길

'나'에서 시작하지 마라. 자기중심적인 판단은 금물이다.
목적을 위해 스스로를 어딘가로 끌고 가서
깨달음을 얻고자 무언가를 했다 하여도
그래서는 깨달음의 길에 이르지 못한다.
그저 여전히 이리저리 방황하는 자신을 발견하는 데
그칠 뿐이다.
왜냐하면 무엇을 하든 그 끝에 자기 자신을 두고 있기
때문이다.
요컨대 '나'라는 존재는 타산打算으로 얼룩진 짐승이라서
어떤 특별한 방법에 의해 어느 날 갑자기 변신하리라
기대하는 미천한 자아에 불과하다.
따라서 자기 눈으로 보고, 자기 귀로 듣고, 자기 머리로 생각해
스스로 판단하는 모든 행위를 단호히 버려라.
무엇을 하든 거기에 '나'가 존재하는 한
아무것도 보이지 않고 아무 소리도 들리지 않는다.
스스로 보고 듣고 있다고 생각하는 대상은 사실 자기
자신이기 때문이다.
오로지 자신만을 바라보는 사람에게 대체 무엇이 보이겠는가.

무엇이 들리고 무엇을 알겠는가.
'나' 란 무엇인가. 결국은 욕심으로 가득한 영혼이지 않은가.
시종 저것이 갖고 싶다, 이것이 갖고 싶다 외쳐대는 무리가 아닌가.

그 갖가지 욕심이 네 눈과 귀와 생각을 흐리게 하고
너와의 거리와 관계, 네 취향과 감정, 이해타산에 의해서만
매사를 판단하게 만든다는 사실을 아직도 모르는가.
제발 이것저것 생각하지 마라.
깨달음에 대해서도 머리를 비워라.
모든 생각을 무시해라.
그리하며 그저 그곳에 있어라.
목숨을 부지하기 위해 호흡하고 있을 뿐인 존재가 되어라.
덥든 춥든 개의치 말고
그저 존재해라.
그때 너는 퍼뜩 깨달을 것이다.
풀숲에서 우는 벌레가 '나'로구나.
휘황하게 빛나는 달이 '나'로구나.

날아오르는 오리와 함께 너도 날아올라

네 윤곽이 사라지고

이 세상 만물이 곧 너이며

그 모두에 녹아드는 너 자신을 분명하게 알아차릴 것이다.

'나' 라는 사람을 버린 덕분이다.

바로 그때, 모든 것이 비로소 완전해진다.

태초부터 그러했던, 모든 것이 하나인 상태.

이것이 깨달음에 도달한 상태이다.

— 도겐, 《정법안장》

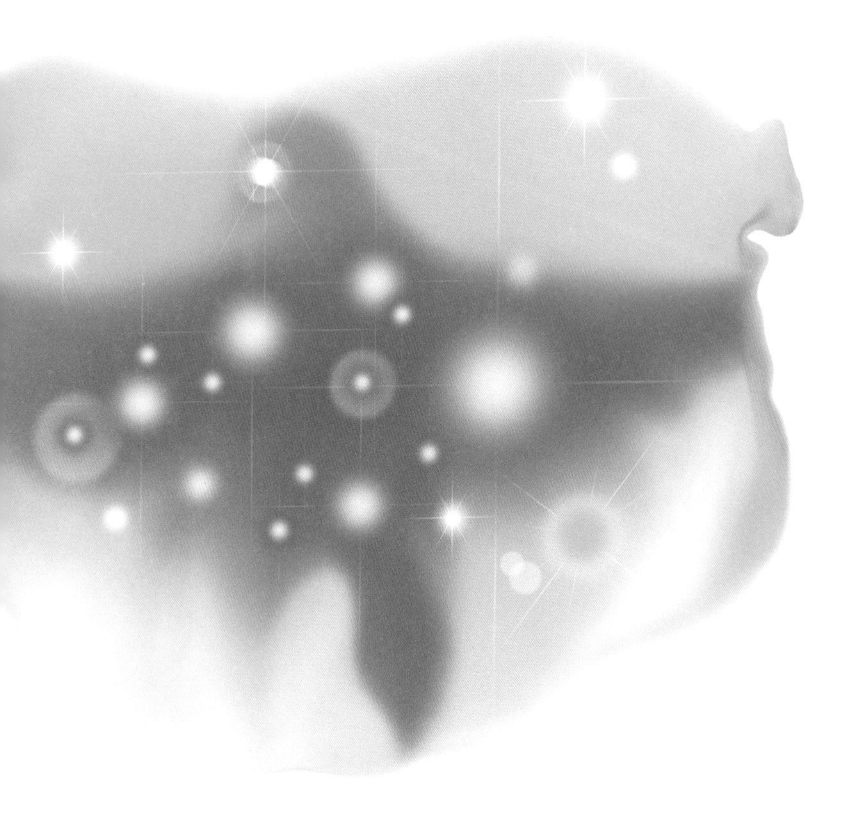

깨달음을 얻은 자는 보름달처럼 둥글다

깨달음을 얻은 자는 보름달 같다.

다른 부처들도 보름달 같다.

밝고 투명하며 모난 데 없이 둥글다.

다만 그 둥금은 형태가 아니다. 언어도 아니다.

그런 연유로 부처들은 가르침을 설교하지 않는다.

형태를 빌어 설명하거나 소리 내어 설파하지 않는다.

그러므로 그들이 취하는 본연의 자세를 보아야 한다.

단, 깨달음의 비밀을 보려 하지는 마라.

넋을 잃고 보름달을 볼 때처럼 그저 느긋하게 바라보아라.

그 은은하게 빛나는 무無, 부드럽고 밝은 공허를 온몸으로 보아라.

— 도겐, 《정법안장》

福

4장

超譯

지친 마음에 안식을 주는 석가의 말

사진/하세가와 마코토長谷川 周/이프로

석가모니 즉 고타마 싯다르타는 고대 인도의 한 작은 나라에서 왕자로 태어나 29세 때 수행자가 되었다. 35세 때 깨달음을 얻어 깨달은 이 '붓다(Buddha)' 가 되었고, 인도 북부에 있는 쿠시나가라 땅에서 80세를 일기로 입멸入滅할 때까지 인도 각지를 돌며 설법을 펼쳤다.

자신을 단정히 하라

수도水道를 만드는 사람은 고심해서 산에서 강으로 물길을 튼다.
화살을 만드는 사람은 나무를 깎고 갈아서 화살을 곧게 만든다.
집을 짓는 사람은 목재를 자르고 짜 맞추어 견고한 형태를
완성한다.
그대는 무슨 일을 하는가.
그대가 무슨 일을 하건 우선 자신을 다듬어
몸과 마음을 단정히 하라.

남을 미워하는 마음이 불운을 부른다

불운에서 벗어나라.

불운은 어디서 오는가?

모든 희망을 앗아가고 눈물을 가져다주는 불운은 어디서 생겨나는가?

악인이 있어서 그가 불운을 몰고 오는 것은 아니다.

남을 미워하거나 자신을 책망할 때

사람은 홀연히 나타난 불운이라는 급류에 휘말린다.

지혜로운 노인으로 늙는 법

머리가 희게 쇠었다 해서 모두 지혜로운 노인은 아니다.
그저 나이만 먹었을 뿐 덧없이 늙어버린 사람이 세상에는
수두룩하다.
그대가 나이를 먹는다면
성실하고 자비로우며 훌륭한 인격을 갖추고
무엇을 해도 남에게 해를 끼치지 않으면서
신중하고 언제나 몸과 마음이 단정한
노인이 되도록 힘써라.

— 《법구경法句經[23]》

목표가 손에 닿을 때까지 노력하라

힘써 노력하라. 쉬지 말고 정진하라.

예전에는 게을렀을지라도 과거를 원통해 마라.

이미 다 지난 일이니 그대로 나아가라.

어리석은 일에는 일절 힘쓰지 말고

한결같은 마음으로 목표를 이루기 위해 노력하라.

목표가 손에 닿을 때까지 노력하라.

하찮은 것에서 기쁨을 찾지 말고

그대의 목표가 진정한 기쁨이 되도록 최선을 다하라.

—《출요경出曜經[24]》

깨달음에 이르는 세 가지 처방전

말할 때에는 진실만을 말하라.

남에게나 자신에게나 결코 화내지 마라.

형편이 어렵더라도 먼저 나서서 베풀라.

이 세 가지를 실천하라.

그리하면 해탈에 이를 것이다.

악이 내뿜는 독에 자신을 내어주지 마라

사람은 무엇이 악인지 안다.

악은 바로 곁에 있으며, 때로는 아름답게 보이는 데다

매혹적이기까지 하다.

그런 악은 언제나 자기 안에 있다.

만약 손바닥에 작은 상처라도 하나 있다면

악이 내뿜는 독은 그 상처를 파고들어 사정없이 그대의 몸을

갉아먹을 것이나 상처 하나 없이 깨끗한 몸이라면

악이 뿜어내는 독은 그대의 몸에 아무런 해도 끼치지 못하리라.

집착, 애착의 무게가 인생의 고통이다

일이 술술 풀리는 인생을 살고 싶다면

집착과 애착을 모두 버려라.

티끌만큼이라도 집착한다면 그만큼의 업보를 짊어져야 한다.

젊을 때는 그 무게를 견뎌낼지 몰라도

언젠가는 그것이 인생의 고통으로 변모한다.

버려라!

마음의 노예가 되지 마라

절망에 빠져 있는가? 두려움에 떨고 있는가?

그것은 전부 네 마음에서 비롯된 감정이다.

남을 미워하거나

남에게 한을 품는 마음보다

자신을 미워하는 마음이 훨씬 지독하다는 것을 알라.

— 《출요경》

깊은 명상에 도달하는 사람의 안락

마음을 한데 모으고

깊은 명상에 도달하는 사람은 더할 나위 없는 희열을 맛본다.

그 희열은

춤추고 노래할 때 얻는 기쁨과는 다르다.

명상에 깃든 안락은 세상 사람들이 맛보는 안락이 아님을

깨달아라.

— 《출요경》

다른 사람에게 상처주는 말을 입 밖에 내지 마라

그 말은 반드시 칼이 되어 돌아오는 법.

거짓된 아부의 말도 해선 안 된다.

진실만을 말하되, 기쁨을 주는 진실을 말하라.

그 사람의 행실을 보라

그 사람이 어디 출신인지 그게 무슨 상관이겠는가.
어떤 지위에 있고, 어떤 업적을 세웠으며, 어떤 가문에 속해 있는지는 전혀 중요하지 않다.
오직 행실만을 보라. 그가 지금 눈앞에서 무엇을 하고 있는지 보라.
행실이 올바르고 부끄러움을 알아 몸과 마음을 삼가는 자라면 그 사람이야말로 고귀한 사람이다.

그저 맑고 순수하게 있어라

집착하지 마라.

관여하지 마라.

마음을 흐리지 마라.

너무 많이 생각하지 마라.

그저 맑고 순수하게 있어라.

—《수타니파타 Suttanipata[25]》

집착하지 않으면 슬픔은 없다

본래 슬픔은 없다.

슬픔은 자신의 소유라 여겨 집착했던 대상이 사라진 자리에

홀연히 찾아든다.

가진다는 것은 무엇인가?

소유란 무엇인가?

그것이 그대의 소유물이라는 증거라도 있는가?

그대가 정녕 그것을 갖기는 했었는가?

분명 가지고 있었는데 어느 순간 썩어서 종내 사라졌다고

슬퍼하고 있는가?

그대가 집착하지 않았다면 그 슬픔은 생겨나지도 않았을 텐데.

논쟁에서 이긴 자,
칭찬은 받아도 평안을 잃을지니

논쟁하지 마라.

아무리 그대의 생각이 옳다고 자신할지라도

상대방을 설득해서 그대의 뜻대로 이끌겠다는 욕심이 있다 해도

모든 논쟁을 금하라.

논쟁의 결과는 단 두 가지, 칭찬 아니면 비난뿐이다.

설령 칭찬을 받는다 해도 그것은 듣지 아니한 만 못한

수준에 불과하니

도리어 마음과 몸의 평안을 해칠 뿐이다.

절대적인 평안에 이르려거든 논쟁하지 마라.

— 《수타니파타》

사진/가네다 게이지金田啓司/아프로

5장

超譯

✚

지친 마음에 안식을 주는 성서의 말

그리스도교 건축물 가운데 세계 최대 면적을 자랑하는 가톨릭교회의 총본산 성 베드로 대성당. 예수의 제자인 베드로의 묘소가 있는 땅에 세웠다고 한다. 그리스도교는 예수 사후 제자들에 의해 널리 퍼졌다.

사진/Getty Images/Multibits

ANVS·PONT·MAX·AN·MDCXII·PONT·VII

남자와 여자가 각기 부여받은 사명

하나님이 여자에게 말씀하셨다.

"내가 너에게 임신하는 고통을 크게 더할 것이니 너는 고통을 겪으며 자식을 낳을 것이다. 네가 남편을 지배하려고 해도 남편이 너를 다스릴 것이다."

하나님이 남자에게 말씀하셨다.

"땅은 너로 인해 저주를 받았고 너는 평생 동안 수고해야 땅의 생산물을 먹게 될 것이다. 너는 들의 채소를 먹어야 하고 이마에 땀을 흘리며 고되게 일을 해서 먹고 살다가 마침내 흙으로 돌아갈 것이다. 이는 네가 흙으로 빚어졌기 때문이다. 너는 흙이므로 흙으로 돌아갈 것이다."

— 《창세기》

노인을 공경하고 외국인을 학대하지 마라

무당이나 점쟁이를 찾아다님으로서 너 자신을 더럽히지 마라.
그들에게 현혹되거나 점괘를 믿지 말고 하나님이 실제로
존재한다는 것을 믿어라.
노인을 공경하고 하나님을 두려운 마음으로 섬겨라.
너희 땅에 사는 외국인을 학대하지 말고
그들을 너희 동족같이 여기며 너 자신처럼 사랑하라.
너희도 한때는 외국인이었음을 기억하라.

떨어진 이삭은 줍지 마라

너희는 추수할 때

곡식을 밭 구석구석까지 다 거두지 말고

또 떨어진 이삭도 줍지 마라.

이 모든 것을 가난한 자와 나그네를 위해 남겨 두어라.

너희는 내가 명령한 것을 준수하라.

나는 너희를 지켜보는 하나님이다.

—《레위기》

부당한 이익을 삼가라

물건을 사고 팔 때는 부당하게 이익을 남기지 마라.

밭을 사들일 때는 희년[26] 에서 몇 해가 지났는지 계산하라.

소출을 거둘 햇수가 많으면 너는 값을 더 치러야 한다.

사고파는 것은 거기에서 거둘 수 있는 수확의 횟수이기 때문이다.

땅을 아주 팔지는 못한다.

땅은 나 하나님의 소유인 까닭이다.

토지를 매매할 때는 본래의 소유주가 언제든지 그 토지를

다시 사들일 수 있는 권한이 계약상에 인정되어야 한다.

가난한 사람들에게는 버팀목이 되어 주어라.

이를테면 너희는 그들을 노예처럼 부려먹지 말고 품꾼이나

잠시 너희 집에 몸 붙여 사는 나그네처럼 여겨 희년까지만

너희를 섬기게 하라.

이자를 받을 셈으로 돈을 빌려 주지 말고

밥을 먹여준다고 해서 무슨 이득을 바라서도 안 된다.

— 《레위기》

도피할 장소

몇 개의 마을을 도피할 장소로 선정하여 과실로 사람을
죽인 자가 피신할 수 있게 하라.
그곳은 살인자가 군중 앞에서 정당한 재판을 받을 때까지
복수하려는 자들에게 죽임을 당하지 않고
피신할 수 있는 곳이다.
세 곳은 요단강[27] 동쪽에, 세 곳은 가나안[28] 땅에 선정하여라.

이 여섯 마을을 그들이 도망칠 장소로 삼아라.
단 고의로 사람을 죽인 자는
반드시 죽여야 한다.

—《민수기》

점쟁이와 예언자의 말을 두려워 마라

단언컨대 예언자나 점쟁이, 주술사, 무당은
너희를 하나님의 말씀대로 살지 못하도록 유혹하는 자들이다.
그러나 내가 그들 가운데 너와 같은 예언자 한 사람을 세워
백성들에게 전할 말을 그에게 말하겠다.
그러면 내가 명령하는 모든 것을 그가 백성들에게 전할 것이다.
그가 전하는 내 말을 듣지 않는 자는 누구든지 내가 직접
벌하겠다. 만일 어떤 예언자가 하나님의 이름으로
말을 해도 그것이 이루어지지 않으면 그가 말한 것은
하나님께서 주신 말씀이 아니라 그가 제멋대로 지어낸 말이다.
그러므로 너희는 그자의 말을 두려워하지 마라.

— 《신명기》

하나님의 관심과 사랑을 받기 위한 조건

하나님께서 약속하신 대로 오늘 너희를 보배로운
자기 백성으로 인정하신다고 선언하셨다.
하나님께서 늘 너희를 지켜보고 사랑하시는 것은
너희가 하나님이 바라는 길을 걷고
마음을 다하고 정성을 다하여
하나님의 율법을 잘 지키고 행할 때뿐이라는 사실을 기억해라.
그렇지 않으면 하나님은 너희를 굽어 살피지 않으실 것이다.

— 《신명기》

최고의 공물은 깊이 뉘우치는 영혼

하나님, 당신께서는 제사를 원치 않으십니다.

짐승을 통째로 구워 제물로 바치는 번제도 기뻐하지 않으십니다.

하나님이 원하시는 제사는 상한 심령입니다.

하나님, 당신은 겸손하게 뉘우치며 회개하는 마음을

결코 업신여기지 않으십니다.

— 《시편》

조강지처는 너의 아름다운 암사슴

네가 젊어서 얻은 아내를 행복하게 하고 그녀와 함께 즐거워하라.

너는 암사슴처럼 그녀를 사랑스럽고 아름답게 여겨

그 품을 항상 만족하게 여기며

그녀의 사랑을 항상 연모하라.

내 아들아, 네가 무엇 때문에 음란한 여자에게

정을 주어야 하며 남의 아내의 가슴을 안아야 하겠느냐.

내 아들아, 너는 어찌하여 그런 나쁜 짓을 행하느냐.

많은 공물 가운데 존재하는 허구

재산이 적어도 여호와를 경외하며 사는 것이
재산이 많아서 다투며 사는 것보다 낫다.
마른 빵 한 조각을 먹어도 화목하게 지내는 것이
진수성찬을 가득히 차린 집에서 다투며 사는 것보다 낫다.

— 《잠언》

말이 인생을 지배한다

어리석은 자는 깊이 생각하지 않고
악인은 입술을 잘못 놀려 덫에 걸리니
그들에게 지혜는 없다.
그들은 사연을 들어보지도 않고 대답한다.
어리석은 자가 지껄이는 말은 다툼, 불화, 슬픔, 고통을 일으키며
게으른 자는 끝내 자멸에 이른다.
인생은 너희가 무엇을 어떻게 말하느냐에 따라 지배되니
무릇 인생의 과실이란 네 입술이 키운 열매나 다름없다.

—《잠언》

사랑은 모든 것을 아름답게 만든다

그가 나를 데리고 잔칫집으로 갔네.

건포도로 내 힘을 회복시키고 사과로 나를 시원하게 해 다오.

사랑하다가

내가 그만 병이 들었다오.

그가 왼팔로는 나의 머리를 고이시고,

오른팔로는 나를 안아 주시네.

너희는 제발 우리의 사랑을 방해하지 말아다오.

— 《아가서》

음란한 아내일지라도 용서하고 사랑하라

하나님께서 말씀하셨다.

"너는 다시 가서 간음한 네 아내를 사랑하라.
물건이나 음식, 돈을 주는 남자들의 손에서 되찾아 와서
다시 한 번 네 아내로 삼아라. 다시 한 번 그 여자를 사랑하라.
더 깊이 사랑하라. 그녀를 용서하고 사랑으로 보듬어
다시 한 번 네 아내로 삼아라. 그것이야말로 하나님이
원하는 구원, 하나님이 바라는 사랑.
가거라. 가서 간음한 아내를 되찾고 영원히 사랑하여라."

하나님은 사랑을 원하신다

하나님께서 바라는 것은 변함없는 사랑이지
짐승을 통째로 구워 제물로 바치는
제사나 산더미 같은 공물이 아니다.
너희가 하나님을 사랑하고, 서로를 진정으로
사랑하기를 더 바란다.

—《호세아서》

화내지 말고 참아라, 위선자가 되지 마라

분노를 활활 지피지 마라.

네가 옳다는 확신이 들더라도 불같이 화내지 마라.

끝없이 분노하는 자는 욕심이 많은 자여서

그 욕망의 힘이 결국 그를 파멸로 이끌 것이다.

화내지 말고 참아라.

인내심을 가져라. 모든 일에는 '때'가 있는 법이다.

그때까지 참고 견디면 마침내 기쁨을 맛볼 것이다.

네가 입에 담는 말을 억제하고 인내하라.

하나님은 언제나 진실하고 온화한 마음을 사랑하시니

상대에 따라 말을 바꾸지 말며

위선자가 되지 마라.

늘 네 입을 경계하고 자만하지 마라.

정욕의 불은 몸을 파멸로 이끈다

그 여자는 네가 사랑하는 아내다. 아내에게 지나친
질투를 하지 마라. 네 시기가 거셀수록
네가 가진 사랑의 깊이가 아니라
그릇된 모습만을 아내에게 보여주게 된다.

이는 너 자신과 두 사람의 관계를 해하는 일이다.
또한 창녀나 너를 유혹하는 음란한 여자를 피해라.
그리하지 않으면 너는 결국 음란한 여자의 농간에 넘어갈 것이다.
너는 그들의 아름다움을 보고 그들의 눈짓에 홀리지 마라.
많은 남자들이 그리 하다 음란한 여자에게 미혹되었다.
너는 음란한 여자를 피해라.
정욕은 불처럼 타오르는 욕망이며
그 불은 너를 파멸로 이끌 것이다.

하나님이 근심하는 삶의 부조리와 타락

하나님의 마음을 아프게 하는 두 가지 일이 있다.

하나는 용사가 비참한 만년을 보내는 일이고

다른 하나는 사려와 분별력이 있는 사람이

이해받지 못하고 멸시당하는 일이다.

반면 다음의 일은 하나님을 노엽게 한다.

그것은 정의롭던 사람이 어느 순간 죄악에 물드는 일이다.

— 《집회서[29]》

탐욕스러운 인간에게는 죄의 말뚝이 박힌다

재물을 얻으려고 죄를 짓는 자는 무수히 많다.

많은 돈을 얻어 제 소유로 삼으려는 자는

사실 그 누구도 동정하지 않는다.

그것이 사람이 살아가는 방식인가.

누구나 알고 있듯이

말뚝은 바위와 바위 틈새에 단단히 박힌다.

그와 마찬가지로

팔거나 사는 행위 사이에

죄의 말뚝이 박히는 것이다.

모든 행위의 근본은 이성

지금이야말로 확실히 알아두어라.

모든 일의 시작과 근본에는 이성이 있다.

무슨 일이든 깊이 생각하고 행동하라.

그 깊은 생각의 뿌리는 어디에 있는가.

마음이다.

마음은 네 개의 가지를 뻗는다.

선善, 악惡, 생生, 사死가 바로 그것이다.

너는 무엇이 이 네 가지 마음을 지배하는지 알아두어라.

그것은 네 혓바닥과 네가 하는 말[言]이다.

—《집회서》

자손을 남기지 못할지라도 덕을 남겨라

가령 너에게 자식이 없을지라도 덕이 있다면 그것으로 족하다.
덕은 불멸하기 때문이다.
하나님도 인간도 덕을 기꺼워한다.
인간은 덕행을 보면 그것을 흉내 내려 들고
덕이 부족하면 쌓으려 하니
악인이 아무리 많은 자손을 두었다 한들 무의미한 까닭은
덕이 없는 탓이다.
너희는 사람을 나이로 판단하지 마라.
올바르게 살아왔는가, 덕이 있는가, 남을 아끼고 사랑했는가.
이러한 덕목이 하나님에게 기쁨을 주고
그런 사람의 영혼이 하나님을 기쁘게 한다.

— 《솔로몬의 지혜[30]》

네 원수를 사랑하라

하나님은 악한 사람과 선한 사람에게 다 같이 해를 비춰 주시고
의로운 사람과 의롭지 못한 사람에게 똑같이 비를 내려 주신다.
의로운 사람과 의롭지 못한 사람 모두에게 똑같이 비를 내려
주시는 까닭은 하나님이 완전한 존재이시기 때문이다.
그러할진대 너희를 사랑하는 사람들만 사랑한다면 너희가
무슨 상을 받겠느냐.
너를 괴롭히는 자를 사랑하고 너의 원수마저 사랑하라.
하늘에 계신 하나님의 완전한 사랑처럼 너희도 완전한 사랑을
베풀어라.

—《마태복음》

‘네’ 와 ‘아니오’ 가 아닌 말은 입에 담지 마라

맹세하지 마라. 맹세는 오직 하나님만이 할 수 있다.
네 머리를 두고도 맹세하지 마라. 너는 머리카락 한 가닥도
희거나 검게 바꿀 수 없다.
너희는 그저 ‘예’ 할 것은 ‘예’ 하고 ‘아니오’ 할 것은
‘아니오’ 라고만 말하여라.
그 이상의 말은 거짓과 기만이 섞여든다.

하나님은 필요한 것을 전부 주신다

너의 주인이 누구냐.

너는 누구를 사랑하느냐.

돈을 사랑하느냐 하나님을 사랑하느냐.

아무도 두 주인을 섬길 수 없다.

지금 가진 돈이 아까워 하나님을 버릴 만큼 돈이 소중하여

내일과 모레 쓸 돈을 걱정하느라 고생을 하느냐.

그런 군걱정일랑 접어 두어라.

하나님은 네게 필요한 것은 전부 주시지 않느냐.

입에서 나온 말이 사람을 더럽힌다

입으로 들어가는 것은 모두 뱃속을 거쳐 몸 밖으로
빠져나간다는 것을 알지 못하느냐.
그러면 사람의 입에서는 무엇이 나오느냐. 말[言]이다.
입에서 나오는 말은 마음에서 나오는 것이다.
입에서 나온 그 말이 사람을 더럽힌다.
마음에서 나오는 것은 악한 생각, 살인, 간음, 음란, 도둑질,
거짓 증언, 그리고 비방이다.
이것들이 마음에서 입을 통해 나와 사람을 더럽히는 것이다.

— 《마태복음》

혼인한 남녀를 갈라 놓지 마라

하나님은 세상을 창조하실 때부터 사람을 남자와 여자로 만드셨다.

남자와 여자는 자기 부모를 떠나

서로를 만나 사귀고 마침내 한 몸이 되게 하셨으니

이제는 둘이 아니라 한 몸이다.

그들은 하나님의 손에 이끌린 것이다.

하나님이 짝지어 주신 것을

사람이 갈라놓아서는 안 된다.

— 《마가복음》

만물은 말에서 시작되었다

태초에 이 세상에는 무엇이 존재했을까.

말[言]이다.

말은 하나님과 함께 존재했다.

말이 곧 하나님이었으며

그 말이 만물을 창조하였다.

창조된 만물 가운데

말이 아닌 질료로 만들어진 것은 한 가지도 없다.

사람의 빛이 될 생명이 바로 말에 있었고

그 빛은 태초의 어둠 속에서 빛나고 있었으나 어두움이

이 빛을 깨닫지 못하였다.

—《요한복음》

사랑이 부족한 사람은 공허하다

내가 산을 옮길 만한 믿음을 가졌다 하더라도

사랑이 없으면 아무것도 아닙니다.

내가 가지고 있는 모든 것을 내어준다고 해도

사랑이 없으면 공허합니다.

사랑은 오래 참고 친절하며

질투하지 않고

자랑하지 않으며 잘난 체하지 않습니다.

사랑은 버릇없이 행동하지 않고 이기적이거나 성내지 않으며

악한 것을 생각하지 않습니다.

사랑은 모든 것을 믿으며 모든 것을 바라고

모든 것을 견딥니다.

이와 같은 사랑은 위대하고 불멸하며

영원합니다.

— 《고린도전서[31)]》

6장

超譯

지친 마음에 안식을 주는 논어의 말

사진/사야마 테쓰오(佐山哲男)/아프로

중국에서 가장 큰 규모를 자랑하는 공자 사당 공묘孔廟는 공자가 태어난 고향인 산동 성山東省 취푸 시에 있다.
사진은 공묘의 중심 건물인 대성전.
공자는 정치가로서 우여곡절을 겪은 뒤 68세의 나이로 귀향하여 후진 양성에 힘썼는데 한때는 3천명이 넘는 제자를 자신의 문하에 두었다.

인정받지 못한다고 한탄하기보다 노력해라

지위를 얻지 못한다고 속을 끓이고 있는가.
자신이 정녕 지위에 걸맞은 실력을 갖추었는지
고민은 해보았는가.
아무도 자신을 인정해주지 않는다고 한탄만 하고 있다면
한탄하지 말고 노력을 해라.
누가 보아도 알 만한 확실한 실적을 내도록 힘써라.

자기 이익만 생각하는 어리석은 자

성실한 사람이라면 자신이 무엇을 해야 하고
무엇을 하지 말아야 하는지 명확하게 안다.
반면 사람으로서 보잘것없는 자는
언제나 자신이 무엇을 얼마나 얻을 수 있는지
이익에만 눈이 돌아간다.

— 《논어》 제4편 이인里仁 제14장, 제16장

진실한 인간만이 자신의 인생을 살아낸다

솔직하게, 항상 숨기지 말고
정직하고 참되게, 그 누구도 차별하지 않고
정면으로 맞부딪치며 살아간다면
진정한 자기 자신의 인생을 살아낼 수 있다.
물론 매사를 불성실하게 얼렁뚱땅 넘어가고
거짓말을 밥 먹듯 해도 살아지기는 하지만
그것은 이 세상에 요행히 살아 있는 정도에 불과하다.

가장 뛰어난 사람은……

그것이 어떤 일이든
일에 대해 잘 아는 사람보다
일을 사랑하는 사람이 더 뛰어나다.
일을 사랑하는 사람보다 더욱 뛰어난 사람은
그 일과 혼연일체가 되어 즐기는 사람이다.

— 《논어》 제6편 옹야雍也 제17장, 제18장

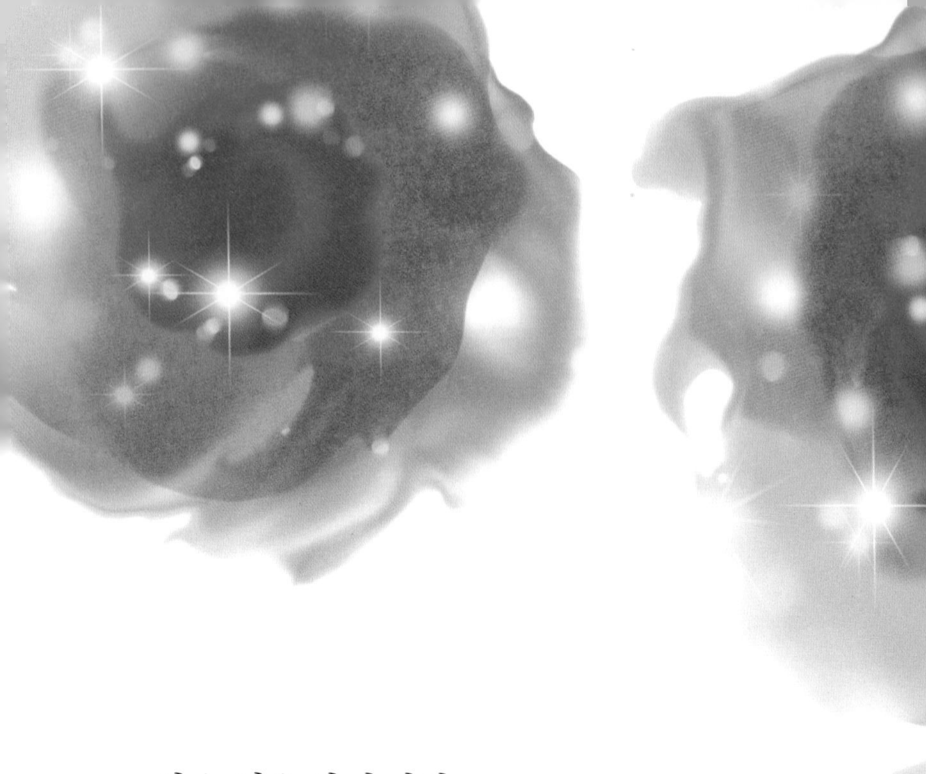

약은 짓은 하지 마라

낚시를 하더라도 그물을 쳐서 강바닥의 물고기까지

싹쓸이하지 마라

활을 쏘아 새를 잡더라도 새의 보금자리마저 빼앗지는 마라.

네가 진정으로 원한다면 '인'은 네 곁에 있다.

'인仁'은 어디에 있을까.

사람들이 하는 말처럼 아득히 먼 곳에 있을까.

어진 사람이 되기란 본래 그토록 어려운 일일까.

아니다.

진정으로 인을 추구하고

진심으로 어진 사람이 되고자 한다면

바로 그 순간 자신의 곁에 와 있지 않을까.

— 《논어》 제7편 술이述而 제26장, 제29장

평가할 가치도 없는 인간이란?

설령 뛰어난 재능을 넘치도록 가졌다 할지라도

그 사람이 교만하고 거만하며 인색한 데다

자신의 이득만 생각한다면

사람으로서 평가할 가치도 없는 작자다.

점점 늘어나는 이해하기 어려운 젊은이들에 대하여

이해하기 힘든 젊은이가 많다.

그들은 경솔하고 쉽게 열광하나 한 가지 일에 전념하지 않는다.

그렇다고 제 한 몫을 해내는 어른도 아니며 성실하지도 않다.

그들은 소박한 듯 보이나 사실은 단순하다.

— 《논어》 제8편 태백泰伯 제11장, 제16장

영원히 변하지 않는 것은 없다

강을 보라. 모조리 흘러간다.

지금은 여기에 있어도 다음 순간이면 멈추지 않고 흘러가 버린다.

사람도 강과 같다. 세상일도 마찬가지다.

한 번 흘러가면 다시는 돌아오지 않는다.

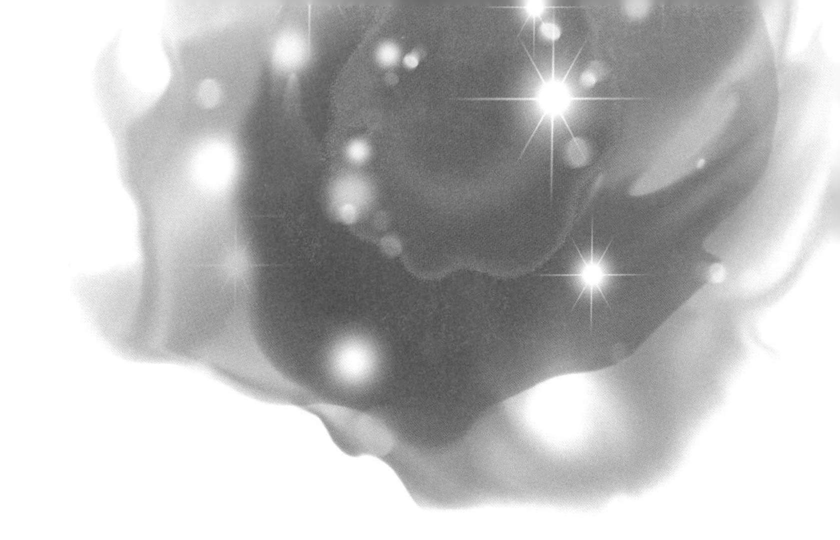

화룡점정의 뜻

사물을 성숙시키려면 끝까지 철저해야 한다.

예컨대 흙무지를 쌓을 때

마지막 한 삽을 덮지 않으면 그것은 더미를 이루지 않는다.

땅을 고를 때도 그러하다.

마지막 터 닦기 작업을 생략하면 땅은 말끔하게 골라지지 않는다.

무엇이든 완성하기 위해서는

마지막 작은 한 점까지 자기 의지를 강하게 관철시켜야 한다.

진정으로 용기 있는 자는 공포를 느끼지 않는다

참다운 지혜가 몸에 배어 있다면
어떤 상황에 빠지더라도 갈팡질팡하지 않는다.
뛰어난 인간은 걱정하는 법이 없으며
진정한 용기를 갖추고 있다면 공포를 느끼지 않는다.

누구도 똑같은 인간은 없다

같은 내용을 똑같이 배워도 같은 길을 가지는 않는다.

함께 길을 떠났더라도 같은 장소에 서지 않으며

같은 장소에 섰다고 해도 똑같은 성과를 얻지는 않는다.

— 《논어》 자한子罕 제16장, 제18장, 제28장, 제29장

살아 있는 사람에게 도움이 되는 사람이 되라

죽은 자를 공양할 바에야

차라리 지금 여기 살아 있는 사람들에게 도움이 되어라.

—《논어》 제11편 선진先進 제11장

두려울 것 없는 삶의 방식

양심에 거리낌 없는 삶을 살라.

그리하면 근심이 사라지고 두려워 할 일도 없어진다.

변변찮은 인간이 하는 짓

제대로 된 사람은 다른 사람의 선행을 돕고

악행에는 결단코 가담하지 않는다.

허나 변변찮은 사람은 정반대로 행동한다.

— 《논어》 제12편 안연 제4장, 제16장

귀한 대접을 받는 사람이 되는 법

오만한 마음을 버리고 항상 겸허해라.

일처리는 신중하고 정중하게 하고, 인간관계는 진지한 태도로 임하라.

이러한 삶을 산다면 세상천지 어디를 가더라도
그곳에서 반드시 귀한 대접을 받는 사람이 될 것이다.

— 《논어》 제13편 자로子路 제19장

참된 인간은 늘 고고하다

참된 인간은 늘 의연하다.

다른 사람과 다투거나 언쟁하지 않고

여러 사람과 어울려도 무리나 당파에 속하지 않는다.

참된 인간은 늘 고고하다.

— 《논어》 제15편 위령공衛靈公 제21장

사진/이마이 고이치今井広一

역주

1)상좌부上座部 : 석가모니 입멸 후 100년쯤 되었을 때 불교 교단은 계율과 교리의 해석을 둘러싸고 크게 상좌부와 대중부의 두 갈래로 나누어진다. 상좌부라는 말은 교단의 연장자라는 뜻이며 그들은 계율이 정한 그대로를 엄격하게 지켜나가야 한다는 입장이었다. 이 상좌부를 계승한 불교가 현재의 남방불교이다.

2)대중부大衆部 : 전통 불교인 상좌부와 입장을 달리하여 나누어진 혁신파. 대중부라는 말은 많은 사람이 모인 그룹이라는 뜻이다. 주로 인도 북부지역에 퍼졌고 불교가 아시아로 전파하는 데 큰 역할을 하였다. 이후 대승불교의 성립에 영향을 주었다.

3)아카데메이아(Academeia) : 기원전 387년경에 플라톤이 아테네 교외에 설립한 학교. 철학을 중심으로 수학, 음악, 천문학 등을 중요시했고 유능한 인재 배출에도 힘썼다.

4)아쇼카왕(? B.C.304-? B.C.232) : 남부를 제외한 인도 전역을 통일한 인도 마우리아 왕조의 제3대 왕. 전쟁을 치르는 과정에서 저지른 살생에 깊이 참회하고 불교에 귀의하여 불교경전을 편찬하는 등 불교의 이상을 통치의 기본으로 삼았으며 불교 전파에 많은 노력을 기울였다. 석가모니 유적지를 순례하며 수많은 석주石柱와 탑을 세웠다.

5)카르타고(Carthago) : 고대 페니키아 인이 북아프리카의 튀니지에 세운 식민 도시. 기원전 6세기에 서지중해의 무역을 장악하여 번영하였으나 포에니 전쟁에서 패하여 로마의 속주屬州가 되었다.

6)사제四諦 : 현실에 대한 정확한 진단과 문제 해결에 대한 불교의 가르침. 사제四諦는 네 가지 진리라는 뜻이다. 윤회하고 있는 우리의 현실은 괴로움이라는 진리[苦諦], 그런 괴로운 현실에는 분명한 원인이 있다는 진리[集諦], 깨달음을 얻으면 현실의 괴로움이 사라진다는 진리[滅諦], 그런 깨달음을 얻는 방법이 있다는 진리[道諦]의 네 가지를 말한다.

7)팔정도八正道 : 깨달음과 열반으로 이끄는 여덟 가지 바른 길. 바른 견해[正見], 바른 생각[正思惟], 바른 말[正語], 바른 행동[正業], 바른 직업[正命], 바른 마음수행[正念], 바른 노력[正精進], 바른 삼매[正定]의 여덟 가지를 말한다.

8)에이사이(栄西, 1141~1215) : 일본에서 처음 임제종을 연 승려. 중국에서 수행하고 돌아오는 길에 차를 들여와 최초로 건강을 위한 차의 효능을 일본에 알린 인물이며, 일본 다도의 역사는 이때부터 시작된다.

9)임제종臨濟宗 : 중국 당나라 때 임제의현(臨濟義玄, ?-867)의 종지宗旨

를 근본으로 하여 일어난 선종 종파. 임제종의 후손인 대혜종고(大慧宗杲, 1089-1163)가 화두話頭 참구법을 설파한 이후로 화두를 참구하는 간화선看話禪이 확립되었다.

10)조동종曹洞宗 : 중국 당나라 때 동산양개(洞山良价, 807-869)와 그의 제자 조산본적(曹山本寂, 840-901)에 의해 형성된 선종 종파. '조동' 이라는 이름은 '조산' 과 '동산' 의 앞 글자를 딴 것이다. 조동종의 후손인 굉지정각(宏智正覺, 1091-1157) 이후로 묵묵히 좌선만 하면 저절로 청정한 성품이 드러난다는 묵조선默照禪이 확립되었다.

11)데카르트(Descartes, 1596~1650) : 프랑스의 수학자이자 철학자. 근대 철학의 아버지라 불리는 해석 기하학의 창시자. "나는 생각한다. 고로 존재한다"라는 명제를 자신의 철학적 근저로 삼았다.

12)의미치료((logotherapy) : 의미 없는 삶을 살아가는 사람들을 위한 심리치료 방법으로서 삶의 가치와 의미를 깨닫게끔 목표와 책임감을 일깨우는 데 주력한다.

13)가마쿠라시대 : 1192년 일본의 미나모토노 요리토모源頼朝가 가마쿠라鎌倉에 막부를 세운 때부터 1333년 호조 다카도키北條高時가 멸망할 때까지 무인이 집권했던 시기.

14)현장법사(玄奘法師 602~664) : 중국 당나라의 고승高僧. 이름은 진위陳禕. 삼장법사로도 알려져 있다. 13세에 출가하여 낙양에서 불교를 공부한 후 불경을 가져오기 위해 627년 인도로 떠난다. 인도 나란다 대학에 들어가 불교 연구에 힘쓴 그는 645년에 많은 불경과 불상을 가지고

장안으로 돌아온다. 당 태종의 후원을 받아 74부 1,335권의 경전을 한역하였으며 전 12권에 달하는 인도여행기인 《대당서역기》를 저술했다.

15)타클라마칸 사막(Takla Makan 沙漠) : 중국 신장웨이우얼 자치구 서부 타림 분지에 위치한 사막. 높이 100m 안팎의 크고 작은 사구가 줄지어 있다. 바람에 밀려 이동하는 사구는 예로부터 교통에 큰 장애물이었는데 '타클라마칸' 은 '들어가면 나올 수 없는 죽음의 땅' 이라는 뜻의 위구르어이다.

16)톈산산맥天山山脈 : 중국 신장웨이우얼 자치구에서 키르기스탄에 걸쳐 동서로 뻗은 산맥. 옛날부터 톈산 남북쪽 기슭의 오아시스 취락을 연결하는 교통로가 발달하였다. 오늘날에는 오아시스 지역에 수리시설이 건설되어 농업과 목축업이 활발하며 2013년 유네스코 세계자연유산으로 지정되었다.

17)견당사遣唐使 : 서기 8세기에 해당하는 일본 나라시대 이후 헤이안시대 초기에 걸쳐 일본 조정에서 중국 당나라에 파견한 사절이다. 이들은 서역과 중국의 선진기술과 불교경전 등을 수집하여 일본에 전파하는데 크게 공헌했으나 당이 쇠퇴하자 문물 교류 환경이 악화되면서 결국 894년에 폐지되었다.

18)서유기西遊記 : 중국 명나라 때 장편 신괴神怪 소설로서 당 황제의 칙명을 받고 불전을 구하러 인도로 떠나는 현장법사와 손오공의 모험담을 그렸다.

19)헤이케 모노가타리平家物語 : 13세기 초 일본의 작자 미상의 산문체

서사시. 12세기 말부터 시작된 겐지 세력과 헤이케 세력의 패권 다툼 및 겐지 승리 이후 가마쿠라 막부 성립을 다룬 서사문학, 즉 '군기軍記 모노가타리' 가운데 하나이며 무사 계급으로는 최초로 권력을 장악한 헤이케 일족의 대두에서부터 몰락까지를 그린 작품이다. 흥한 자는 반드시 멸망한다는 불교사상에 입각해 인생무상을 묘사했다.

20)선종禪宗 : 깨달음이란 또 다른 어떤 것을 통해서 얻는 것이 아니라 본래 깨달은 자신의 마음을 바로 보는 것임을 강조하는 종파. 중국 양나라 때 달마대사가 인도에서 중국으로 건너와 중국 선종을 창시하였다. 우리나라에는 신라 중엽에 전해졌다.

21)혜가(慧可, 487~593) : 중국 남북조 시대의 승려.달마대사의 제자로서 달마대사의 법을 이어 중국 선종의 제2조가 되었다.

22)조주(趙州, 778~897) : 중국 당나라 말기의 선종 승려.

23)법구경法句經 : 3세기 초 중국 오吳나라 때 인도 출신의 유기난維祇難이 번역한 불교 경전. 초기불교의 758개 핵심 게송을 주제별로 분류하여 집약해 실었다.

24)출요경出曜經 : 4세기 말 중국의 학승 축불념이 번역한 불교 경전으로서 총 30권 34품으로 구성되어 있고, 부처님의 전생과 생애 및 제자들의 행적, 중생을 교화하는 이야기가 들어있다.

25)수타니파타(Suttanipata) : 불경 가운데 대표적인 초기 경전. '수타(sutta)' 는 '경經', '니파타(nipata)' 는 '모음[集]' 이라는 말로서 부처님 말씀을 모았다는 의미이다. 전 5품으로 구성되어 있고 석가모니의 역사적

인 행적이 생생하게 그려져 있다. 단순하고 소박한 운문을 가미하여 시를 감상하듯 음미하게끔 서술하였다.

26)희년禧年 : 이스라엘에서 50년마다 공포되었던 해방의 해. 노예에게 자유를 주었으며 가난 때문에 조상의 소유를 팔아야 했던 자들에게 그것을 돌려주게 했고, 땅을 쉬게 했다.

27)요단강 : 요르단(Jordan) 강을 성경에서 부르는 이름. 요르단 강은 서아시아 요르단 서쪽을 흐르는 강으로서 안티레바논 산맥 남부에서 시작하여 사해死海로 흘러든다.

28)가나안(Canaan) : 팔레스타인 요르단 강 서쪽 지역의 옛 이름. 기원전 13세기경 먼저 거주하던 가나안 족을 정복하고 고대 이스라엘이 정착한 지역으로 성경에서는 하나님이 아브라함과 그 자손에게 주겠다고 약속한 땅이다.

29)집회서(Ecclesiasticus, 集會書) : 구약성경의 외경外經 가운데 하나. 외경 중에서 가장 방대하며 초대 교회 사람들이 애독한 문서이다. 알렉산드리아의 유대인들은 이를 구약성경의 일부로 인정하였고, 가톨릭에서는 이 책을 '제2정경正經'으로 채택하고 있다.

30)솔로몬의 지혜 : 구약 성경 외전外典의 하나. 하나님의 예지, 영혼의 선재先在, 이스라엘 역사상의 여러 가지 기적, 선인과 악인의 운명, 우상 예배의 부정 따위에 대하여 이르고 있다. '지혜의 서'라 칭하기도 한다.

31) 고린도전서 : 사대 서한의 하나. 바울이 고린도 교회에 처음 보낸 16장의 편지. 신도로서 합당한 생활을 권고하는 내용이 기록되어 있다.

A.D. 55년경 바울이 제3차 전도 여행 중 에베소에서 목회하고 있을 때, 고린도 교회에서 들려오는 좋지 못한 소문과 고린도 교인들이 제기한 여러 질문에 답변한 편지를 기록한 글이다. 타락한 세상 풍조를 좇지 말고 거룩하고 성숙한 신앙인으로 살아가라는 교훈이 들어있다.

달마의 말 참고문헌

아키쓰키 료민秋月龍珉, 《무문관을 읽다》, PHP겐큐쇼 / 다카미 타이슈田上太秀, 《선어산책禅語散策》, 고단샤 학술문고 / 야나기다 세이잔柳田聖山, 《달마 어록》, 치쿠마 학술문고 / 야나기다 세이잔, 《세계 명저 선어록》, 주오코론신샤 / 야나기다 세이잔, 《세계의 고전문학전집 선가어록》, 치쿠마쇼보 / 니시무라 에신 역주, 《무문관》, 이와나미분코/ 이시이 쿄지石井恭二 주석 · 현대어 역, 《정법안장》, 가와데쇼보신샤

석가의 말 참고문헌

나카무라 하지메中村 元 역, 《붓다의 말씀 수타니파타》 이와나미쇼텐/
나카무라 하지메 역, 《붓다의 진리의 말씀 감흥의 말씀》 이와나미쇼텐

성서의 말 참고문헌

페데리코 바르바로(Federico Barbaro) 신부가 번역한 『성서』, 고단사講談社)

| 역자 후기 |

길 잃은 나그네를 이끌어주는 길잡이별처럼

"우리네 인생살이를 한마디로 표현한다면?"

"새옹지마塞翁之馬."

앞일을 전부 예견해서 행동하는 사람이 과연 있을까. 살다 보면 그때는 분명 좋다고 여겼던 일이 나중에 화를 불러오기도 하고, 맥이 빠져 털썩 주저앉은 자리에 새순 돋듯 희망이 움트기도 한다. 예측을 불허하는 거대한 생 앞에서는 누구나 똑같다. 예상치 못한 상황과 맞닥뜨리면 놀라고, 좋은 일이 생기면 기쁘고, 상처를 입으면 아프다.

공자가 말하기를 세상사란 강과 같아서 영원히 변치 않는 것은 없다고 하였다. 멈추지 않는 강물처럼 그게 무엇이든 지금 여기에 있을지라도 다음 순간이면 모두 흘러가 버린다고. 세상만사가 이러할진대 하물며 그로부터 말미암은 감정은 어떠하랴. 인생살이에서 수시로 갈마드는 희로애락은 인간이 멋대로 제어할 수 있는 대상이 아니다.
고로 삶은 항상 불행하지도 않고 항상 행복하지도 않거니와 쾌락이나 고통도 절대로 영원하지 않다. 그런데도 우리는 힘들고 고통스러울 때면 종종 이 사실을 망각하고 공허한 파도에 몸을 맡겨버린다. 그리고선 거듭 뒤통수를 치는 생에 지쳐서 매번 중얼거리곤 한다.

'힘들다. 눈앞이 캄캄하다. 어디로 가야 하지. 제발 누가 좀 알려줬으면…….'

우리라는 이름의 그대여, 괴로운가? 어찌할 바를 모르겠는가? 괜찮다. 다만 부디 잊지 말기를. 그대가 겪는 고통은 결코 그대의 마지막이 아니다. 감정도 사람도 세상도 모두 흐른다. 뭐든 다 지나간다. 아득히 먼 옛날부터 우리는 그렇게 존재해 왔다. 그렇기에 지금 이 책이 여기에 있는 것이다. 변화무쌍한 세상을 앞서 살았던 현자들의 지혜가 오롯이 모여 있는 책.

이 책은 현자들의 귀한 말들을 고르고 골라 쉽게 풀어 쓴 말씀의 보물창고이다. 철학을 알든 모르든 종교를 가졌든 안 가졌든 누구나 이해할 수 있도록. 그러니 마음을 비운 채 찬찬히 읽어보라. 간결하고도 웅숭깊은 문장이 길 잃은 나그네를 이끌어주는 길잡이별처럼 지친 그대의 손을 잡아줄 것이다.